Anselm Grün

Wage den Neuanfang

1,50

Anselm Grün

Wage den Neuanfang

Vier-Türme-Verlag

Bibliographische Information der Deutschen Nationalbibliothek

Die Deutsche Nationalbibliothek verzeichnet diese Publikation in der Deutschen Nationalbibliographie. Detaillierte bibliographische Daten sind im Internet über http://dnb.d-nb.de abrufbar.

FSC
www.fsc.org
MIX
Papier aus verantwortungsvollen Quellen
FSC® C014889

1. Auflage 2013

Lektorat: Dr. Ulrike Strerath-Bolz
Umschlagfoto und Umschlaggestaltung: Andrea Göppel, Bobingen
Druck und Bindung: Friedrich Pustet KG, Regensburg
ISBN 978-3-89680-822-6

www.vier-tuerme-verlag.de

INHALT

EINLEITUNG

Immer wieder neu anfangen

Das Leben zwingt uns immer wieder, einen neuen Anfang zu wagen. Unsere eigene Geschichte ist voll von solchen Neuanfängen. Nach der Schule geht es um einen neuen Anfang mit dem Studium oder einer Ausbildung. Sobald wir hier einen Abschluss erreicht haben, steht der Neuanfang im Beruf an. Doch auch da ist es heute nicht mehr so sicher, dass wir unser ganzes Leben lang bei dieser Firma und in dieser Aufgabe bleiben. Immer wieder werden wir versetzt, wird uns ein neues Projekt aufgetragen. Oder wir schauen uns nach einem neuen Arbeitsplatz um.

Viele werden müde vom ständigen Neuanfang. Sie möchten gerne im Alten bleiben. Da braucht es den Wagemut. Es ist der Mut, das Leben und mich selbst auf die Waage zu legen, ohne zu wissen, wie die Waage ausschlägt. Jeder Neuanfang ist also auch ein Risiko. Wir riskieren, dass er nicht so gelingt, wie wir es erhoffen. Doch ohne diesen Mut, etwas Neues zu riskieren, würde unser Leben langweilig. Es würde leere Routine.

Immer wieder erleben wir auch ein Scheitern. Wir scheitern im Beruf, wir scheitern in einer Freundschaft, manchmal auch in der Ehe. Dann braucht es wieder den Wagemut, einen neuen Anfang zu wagen. Denn das Scheitern zerbricht mein Lebenskonzept. Nur auf dem Scherbenhaufen meiner gescheiterten Beziehungen sitzen zu bleiben, eröffnet mir keine Aussicht auf ein erfülltes Leben. Ich würde ständig nur jammern und in Traurigkeit und Selbstmitleid versinken, dass mir alles zerbrochen ist, was mir heilig war. Gerade in solchen Situationen des Scheiterns braucht es den neuen Anfang.

Seit einundzwanzig Jahren begleite ich Priester und Ordensleute, Männer und Frauen, die in der Kirche arbeiten. Oft kommen sie in einer Situation in unser Recollectio-Haus, in der sie die alte Pfarrei verlassen und eine neue Pfarrei oder eine neue Aufgabe übernehmen sollen. Oder eine Ordensschwester kommt, weil sie von ihrer alten Aufgabe entbunden wurde und auf eine neue Stelle versetzt worden ist. Manche freuen sich auf den neuen Anfang. Doch bei anderen spüre ich auch eine Müdigkeit, immer wieder neu anzufangen. Sie haben den Eindruck, dass sie nicht einfach von einer Pfarrei in die andere, von einer Ordensgemeinschaft in die andere wechseln können. Sie bräuchten eine Zwischenphase, in der sie auf gute Weise Abschied nehmen können vom Alten, um sich mit voller Kraft dem neuen Anfang widmen zu können.

Andere sind der vielen Anfänge müde geworden, die von ihnen erwartet werden. Doch wenn ich müde in einen neuen Anfang hineingehe, wird er nicht gelingen. Ich brauche eine innere Motivation, um neu anzufangen.

Diese Motivation entdecke ich erst, wenn ich das Alte angeschaut und mich damit ausgesöhnt habe. Wenn ich den neuen Anfang mit den Altlasten unaufgearbeiteter Konflikte wage, wird er nicht gelingen.

Was für die kirchlichen Angestellten gilt, gilt in ähnlicher Weise auch für die Mitarbeiter und Mitarbeiterinnen in Firmen. Auch sie werden ständig vor Neuanfänge gestellt. Und manchmal hängt ihnen das Alte noch zu sehr nach, sodass sie ohne Kraft das Neue beginnen. Aber das Neue braucht immer den Wagemut. Sonst kann es nicht gelingen.

In diesem Buch möchte ich das Geheimnis des Anfangens bedenken. Ich möchte von den Erfahrungen ausgehen, die die verschiedenen Sprachen mit dem Anfang und Beginn gemacht haben. Denn Sprache ist verdichtete Erfahrung. Und wenn wir die griechischen, lateinischen und deutschen Worte für Anfangen anschauen, spüren wir, wie dieses Thema die Menschen seit jeher bewegt hat und welche verschiedenen Erfahrungen die einzelnen Völker damit gemacht haben. Sprache ist geronnene Erfahrung. Und diese Erfahrung möchte ich für uns heute fruchtbar machen, indem ich die Sprachbilder in unsere Zeit hineinübersetze. Außerdem möchte ich biblische Texte anschauen, die von einem neuen Anfang sprechen. Auch sie sollen hineingestellt werden in unsere heutige Situation, die sicher viel hektischer und unruhiger ist als die Zeit, in der die Bibel ihre Weisheit formuliert hat. Dennoch können wir von ihrer Weisheit auch für uns heute lernen.

Anfangen

Das deutsche Wort »anfangen« kommt von anpacken, anfassen, in die Hand nehmen. Neu anfangen heißt daher, das Leben selbst in die Hand nehmen. Ich übernehme die Verantwortung für mein Leben. Ich gestalte es. Ich höre auf, darüber zu jammern, dass ich durch meine Erziehung oder durch meine Veranlagung festgelegt bin. Ich kann immer neu anfangen. Ich kann das, was mir als Lebensmaterial vorgegeben ist, in die Hand nehmen und gestalten.

Aus jedem Material lässt sich eine schöne Figur formen: Aus Stein kann ich eine schöne Statue hauen, aus Holz eine schöne Figur schnitzen, aus Ton eine anziehende Form gestalten. Aber ich muss materialgerecht arbeiten. Das Material ist meine Lebensgeschichte, es besteht aus meinen Stärken und Schwächen, meinen Erfahrungen von Geborgenheit und Selbstvertrauen und meinen Verletzungen und Kränkungen. Manchmal besteht mein Material auch aus einem Scherbenhaufen zerbrochener Lebensträume. Aber selbst aus Scherben kann ich eine neue Vase zusammensetzen. Sie ist nicht mehr so perfekt wie die alte. Aber vielleicht sieht sie kreativer aus, bunter und lebendiger.

Jesus hat das mit dem Bild des Turmbaus ausgedrückt:

> *Wenn einer von euch einen Turm bauen will, setzt er sich dann nicht zuerst hin und rechnet, ob seine Mittel für das ganze Vorhaben ausreichen? Sonst könnte es geschehen, dass er das Fundament gelegt hat, dann aber den Bau nicht fertig stellen kann. Und alle, die es sehen, würden ihn verspotten und sagen: Der da hat einen Bau begonnen und konnte ihn nicht zu Ende führen.*
>
> LUKASEVANGELIUM 14,28–30

Die Steine, aus denen wir unseren Turm bauen sollen, sind die Erfahrungen unserer Lebensgeschichte. Der Turm steht für die menschliche Selbstwerdung. Er hat tiefe Fundamente in der Erde und ragt in den Himmel. Er verbindet in uns Himmel und Erde. Und er ist rund. Das Runde rundet alles Kantige und Eckige ab. Es hält das Brüchige und Zerbrochene in uns zusammen. Der Schweizer Psychotherapeut Carl Gustav Jung hat sein Leben lang am Turm von Bollingen gebaut. Das war für ihn Symbol seiner inneren Entwicklung.

Wenn wir anfangen, den Turm zu bauen, sollen wir unsere Steine genau anschauen. Welche Steine stehen mir zur Verfügung? Was sind meine Stärken, was sind meine Schwächen? Was sind zerbrochene und verletzte Steine? Auch sie gehören zu dem Material, aus dem ich meinen Turm baue. Die Steine sind auch ein Symbol für das, was mir bei der letzten Arbeitsstelle oder in der zerbrochenen Beziehung in den Weg gelegt worden ist. Dann wäre es meine Aufgabe, die Steine, über die ich gestolpert bin, zu Bausteinen für meinen Turm zu formen.

Bevor ich jedoch darangehe, meinen Turm zu bauen, braucht es erst einmal das Hinsetzen. Man könnte es die Auszeit nennen, die ich mir zwischen der alten und neuen Aufgabe nehme. Ich brauche Zeit, um das Material meines Lebens zu sichten und gerade auch die Stolpersteine oder die zerbrochenen Steine der letzten Zeit zu meditieren und sie in meine eigenen Bausteine zu verwandeln, mit denen ich mein Leben neu aufbauen kann.

Was wir im Sitzen tun sollen, das drückt das Griechische wieder mit einem Stein aus: Wir sollen die Steine auf unserem Rechenschieber hin- und herschieben, um den Aufwand zu berechnen, der für den Bau des Turmes notwendig ist. Wie viel Material brauche ich für den Turm, und wie viel Kraft und Energie muss ich einsetzen, um meinen Turm bauen zu können?

Dem Evangelisten Lukas kommt es in der zitierten Bibelstelle darauf an, dass das Unternehmen Erfolg hat. Er denkt hier als Kaufmann, der genau berechnet, was er für seine Aufgabe braucht. Erst wenn ich das Vergangene bedacht habe und mich in das zukünftige Tun hineinmeditiert habe, werde ich die Steine meiner Lebensgeschichte in die Hand nehmen und sie so zusammensetzen, dass mein ganz persönlicher Turm herauskommt. Bevor ich beginne, soll ich überlegen, wie diese Steine zusammenpassen.

Vor dem Tun steht also das Denken. Ich denke über die Steine meiner Lebensgeschichte nach, um sie so zusammenzusetzen, dass meine einmalige Person sichtbar wird. Mein

Turm muss nicht den anderen gleichen. Ich vergleiche meinen Turm nicht mit den anderen. Es kommt nicht darauf an, dass er möglichst hoch wird. Er soll meinem Wesen entsprechen.

Manch einer bleibt vor dem Haufen seiner Steine sitzen. Er findet nicht den Mut, anzufangen. Der Steinhaufen wirkt für ihn chaotisch. Wenn meine Beziehung zerbrochen ist, wenn die Aufgabe, die ich bisher innehatte, nicht gut beendet werden konnte, dann sitze ich vor einem unüberschaubaren Steinhaufen. Dann kann ich in diesen Steinen noch keinen Turm entdecken, der entstehen könnte. Ich sehe das Ende nicht. Daher sieht Jesus den Anfang und das Ende zusammen. Er spricht von »ektelesai«. Das meint: aus dem Anfang ein Ende formen, etwas vollenden. Viele Menschen haben Angst, anzufangen. Sie wissen nicht, was aus dem Anfang werden könnte. Sie wollen nicht einfach drauflos agieren. Sie wollen etwas schaffen, was Bestand hat. Daher braucht es für den Anfang das Hinsetzen und Berechnen, das Überlegen, was ich eigentlich will.

Die Lateiner fordern uns auf, bei allem Anfang das Ende zu bedenken. »Respice finem«, sagen sie. Jesus nimmt diesen Gedanken in seinem Gleichnis auf. Wir sollen nicht einfach anfangen, sondern uns vorher in aller Ruhe hinsetzen und zusammenrechnen, was uns für den Neuanfang zur Verfügung steht. Dann werden wir die Mittel entdecken, die wir in uns haben. Es ist die Erfahrung, dass wir schon öfter neu angefangen haben. Oder es ist unsere Disziplin, die uns die Kraft schenkt, etwas durchzuhalten. Oder es ist unsere Kreativität, die uns bei allem Anfang etwas Neues formen lässt. Jesus spricht hier von der Kraft (ischyo), die nötig ist, um einen neuen Anfang zu setzen. Mit dieser Kraft komme ich in Berührung, wenn ich mich zuerst einmal hinsetze und mir Zeit nehme, mein Vorhaben zu bedenken und auf das Ziel zu schauen, das ich mit dem Anfang im Auge habe.

Drei Worte kommen in diesem Gleichnis zweimal vor: anfangen (archeisthai), beenden (ektelesai) und Kraft haben (ischyo). Diese drei Worte zeigen, was beim Anfangen besonders wichtig ist. Ich muss selbst anfangen, sonst fangen die Zuschauer an, über mich zu reden. Wer untätig dasitzt, über den fangen die Menschen zu reden an. Ich muss das Ende bedenken. Sonst arbeite ich blind drauflos, und es kommt nichts dabei heraus.

Dieses Bedenken braucht Zeit. Es braucht das Sitzen, damit das Aufstehen sinnvoll wird. Und es bedarf der nötigen Kraft, um einen Anfang zu setzen, der zum Ziel führt.

Beginnen

Das Wort »beginnen« bedeutet ursprünglich »urbar machen«. Jedes Beginnen ist ein mühsames Urbarmachen. Da erscheint mein Leben wie ein Land voller Disteln und Steine, von Gehölz und Unkraut übersät, chaotisch, unfreundlich.

Wenn ich es urbar machen will, muss ich mir erst einmal ein Feld abstecken. Ich kann nicht das ganze Land meines Lebens in einem Jahr urbar machen. Ich muss mich entscheiden, welches Stück meines Landes ich in diesem Jahr urbar machen möchte. Vielleicht ist es der Bereich meiner Beziehungen oder meiner Arbeit oder meines Lebensstils. Und dann gehe ich daran, das Verwachsene auszureißen, damit mein Boden Frucht bringen kann, damit Neues darauf wachsen kann. Gott wird einen neuen Samen auf mein Feld legen. Meine Aufgabe besteht darin, es urbar zu machen, damit der Same aufgeht und Neues, Ungeahntes, Unerwartetes, Wunderbares in mir zur Blüte kommt.

Von den alten Mönchen wird eine schöne Geschichte erzählt: Da kommt ein junger Mönch, der sich vergebens bemüht hat, seine Fehler auszumerzen, entmutigt zu einem Altvater. Er meint, es habe ja doch keinen Zweck, gegen die Fehler zu kämpfen. Immer wieder falle er in die gleichen Fehler zurück. Da erzählt ihm der Altvater von einem jungen Mann, der von seinem Vater den Auftrag erhalten hatte, einen verwahrlosten Acker von Disteln und Dornen zu reinigen. Der junge Mann geht zum Acker und ist entmutigt. Er spürt keine Kraft in sich. Denn der Acker ist voller Unkraut, und er ist sehr groß. Der junge Mann weiß gar nicht, wo er anfangen soll. Er hat den Eindruck, dass er den Acker nie von den Disteln und Dornen zu reinigen vermag. Da sagt ihm der Vater:

Mein Sohn, arbeite täglich nur so viel, als dein Körper, wenn du liegst, Raum einnimmt, und so wird deine Arbeit allmählich voranschreiten, und du wirst dabei nicht verzagt sein. Als der Jüngling das gehört hatte, handelte er danach, und nach kurzer Zeit war der Acker gereinigt und urbar gemacht. Mach auch du, Bruder, es so, arbeite nach und nach, so wirst du den Mut nicht verlieren.

APOPHTHEGMATA 1151

Wir kennen die Tendenz, alles vor uns herzu schieben. Wenn eine große Aufgabe vor uns liegt, fangen wir lieber gar nicht an. Das Bild, dass wir nur das kleine Stück heute erledigen sollen, was unser Körper bedeckt, ermutigt uns. Wir brauchen nicht alles auf einmal zu erledigen. Aber wir müssen anfangen. Wir müssen einen Beginn setzen. Wenn der Beginn gemacht ist, wird der Berg, der vor uns steht, von Tag zu Tag kleiner.

Es kommt nur auf den Beginn an. Es kommt darauf an, das kleine Stück Land urbar zu machen, das heute vor mir liegt. Wer den Morgen im Büro mit dem Gefühl beginnt, dass er das alles nicht schaffen kann, was da auf seinem Schreibtisch sich angehäuft hat, der wird gar nichts tun. Oder aber er wird willkürlich das oder jenes herausgreifen und es doch nicht richtig erledigen.

Da hilft das Bild der alten Mönchsgeschichte: Ich greife das heraus, was gerade am wichtigsten ist. Und das tue ich ganz. Dann erledige ich das nächste Problem. So werde ich am Abend einiges vorweisen können, was erledigt ist. Und mein Schreibtisch ist ein Stück leerer geworden.

Es ist hier von einem Acker die Rede, der voller Dornen und Disteln ist. Die Dornen stehen für die Verletzungen, die wir in unserem Leben erfahren haben. Wir haben den Eindruck, dass wir unsere Lebensgeschichte nie ganz aufarbeiten und sie von allen Dornen befreien können. Dann sollten wir nur den Bereich anschauen, der jetzt gerade fällig ist. Und wir sollten langsam die Dornen aus dem Acker entfernen.

Die Disteln stehen für die Mühsal und Schmerzen. Es kostet Mühe, die Disteln zu entfernen, die sich auf dem Acker unseres Lebens breitgemacht haben. Disteln haben es an sich, sich immer wieder neu auszubreiten. Wenn wir in einer Firma oder in einer Gemeinschaft anfangen, die Disteln herauszureißen, wachsen an einer anderen Stelle andere nach. Doch der Altvater gibt den Rat, nicht den ganzen Acker auf einmal anzuschauen, sondern nur das kleine Stück, das unser Körper bedeckt. Dort schaffen wir es, die Disteln herauszureißen. Wenn wir den ganzen Acker gereinigt haben, dann ist schon Verwandlung geschehen. Allerdings kann es durchaus sein, dass in uns selbst oder in unseren Beziehungen und Gemeinschaften wieder neue Disteln entstehen. Dann reißen wir sie wieder heraus, eine nach der anderen.

Anfangen heißt herrschen

Die griechische Sprache hat mit dem Anfangen eine andere Erfahrung ausgedrückt. Das griechische Wort für Anfang ist »arche«. Es heißt auch Herrschaft. Und »archein« heißt sowohl anfangen, der Erste sein, als auch herrschen, anführen.

Wenn ich etwas anfange, dann bekomme ich Macht. Das gilt nicht nur für das Militär. Da braucht es auch den Anführer, der als erster anfängt mit der Schlacht, der seine Mannschaft in den Kampf führt. Es gilt auch für jeden Anfang, den wir täglich setzen. Der neue Tag, so sagt uns eine russische Weisheit, ist wie ein unberührtes Schneefeld, das noch keiner betreten hat. Manche Menschen stolpern in den neuen Tag einfach so hinein. Sie verpassen die Chance des neuen Anfangs, zu dem uns jeder Morgen einlädt. Wer den Tag bewusst beginnt, dem wächst jeden Morgen neue Kraft zu. Er gestaltet diesen Tag bewusst. Er gräbt bewusst seine Spur in den Neuschnee des neuen Tages hinein. So spürt er den Zauber, der jedem Anfang innewohnt, wie es der schwäbische Dichter Hermann Hesse einmal formuliert hat.

Dieser Zauber des Anfangs fasziniert uns und motiviert uns, diesen Tag kraftvoll zu beginnen. Wir stolpern nicht in den Tag hinein, wir werden nicht zu Sklaven dessen, was heute an Terminen auf uns zukommt und von uns in der Familie oder in der Arbeit erwartet wird. Wir herrschen vielmehr über den neuen Tag und über die Arbeit, die vor uns liegt. Wir leben selbst, statt gelebt zu werden. Wir werden zum Anführer des Lebens, statt irgendwelchen Erwartungen nachzulaufen.

Dass der neue Anfang uns zu Anführern macht, erfahre ich vor allem im Umgang mit unseren Verletzungen. In der Begleitung von suchenden Menschen erlebe ich oft, dass viele, die von anderen verletzt worden sind, in der Opferrolle hängen bleiben. Sie sind verletzt worden. Aber sie haben in sich keine Kraft, sich gegen die Verletzungen zu wehren oder auf die Verletzungen aktiv zu reagieren. Sie bleiben lieber in der Opferrolle. Da möchten sie bemitleidet werden.

Als Begleiter nehme ich ihre Erfahrung als Opfer ernst. Sie sind wirklich Opfer von Kränkungen und Beleidigungen, von Entwertungen und manchmal auch von Missbrauch geworden. Doch wenn sie in der Opferrolle stecken bleiben, legt sich auf sie eine große Schwere, die sie niederdrückt. Anfangen heißt: wieder Herr in meinem Leben werden, die Passivität aufgeben und aktiv werden. Und wenn ich aktiv werde, wächst mir auch eine Kraft zu. Dann lasse ich mich nicht mehr von denen beherrschen, die mich verletzt haben. Ich fange selbst an zu leben.

Wir schlüpfen aber nicht nur dann in die Opferrolle, wenn uns jemand verletzt. Oft fühlen wir uns als Opfer der äußeren Umstände. Wir fühlen uns als Opfer der vielen Erwartungen, die auf uns einströmen. Wir sind ihnen nicht gewachsen. Wir können nicht alles erledigen, was von uns erwartet wird. Oder wir fühlen uns als Opfer unserer Lebensmuster, die sich so tief in uns eingegraben haben, Opfer unserer Bedürfnisse, die befriedigt werden wollen.

Doch es ist meine Entscheidung, ob ich mich als Opfer fühle oder ob ich anfange, selbst zu leben. Dann werde ich nicht mehr beherrscht von meinen Bedürfnissen, sondern ich herrsche über sie. Ich werde nicht mehr bestimmt von den Erwartungen der anderen, sondern ich antworte in Freiheit darauf. Ich entscheide mich, welche Erwartungen ich erfülle und welche nicht. Anfangen heißt: die Macht ausüben, die mir Gott zugedacht hat. Wir haben selbst die Macht, die Dinge anzupacken und anzugehen. Wir sind nicht Opfer der Lebensumstände, nicht Opfer der Erwartungen, die von außen auf uns eindringen. Wir haben die Macht, einen neuen Anfang zu setzen.

Wer anfängt, der wird zum Anführer ins Leben. Wer anpackt, der hat die Macht. Er übernimmt die Verantwortung. Das erleben wir bei jeder Besprechung. Wer die Besprechung anfängt, wer als Erster das Wort ergreift, der kann der Besprechung eine ganz bestimmte Richtung geben. Er hat die Macht, das Gespräch so zu lenken, wie er es gerne möchte. Oft erlebe ich in Besprechungen, dass keiner anfangen will. Alle verlassen sich auf die anderen. Und manche meinen, sie würden dann am meisten Einfluss haben, wenn die anderen ausgeredet haben und sie als Letzte reden. Doch oft laufen sie dann einer Bewegung nach, die der angestoßen hat, der als Erster gesprochen hat.

Wer anfängt, hat die Macht; er prägt die Besprechung. Er prägt den Arbeitstag.

Viele fühlen sich kraftlos, wenn sie gescheitert sind. Ihnen ist ein Lebenstraum zerbrochen, der sie motiviert hat, an sich zu arbeiten und sich für das Leben anzustrengen. Doch jetzt ist der Lebenstraum zerbrochen. Sie fühlen sich wie gelähmt, ohne Macht und ohne Kraft. Sie können nicht einfach anfangen. Sie brauchen sicher Zeit, um einen neuen Anfang zu wagen. Aber trotzdem ist es gut, wenn sie nicht in ihrer Kraftlosigkeit stecken bleiben. Sie sollen in Berührung kommen mit der Kraft, die in ihnen war, solange sie ihren Lebenstraum lebten. Diese Quelle der Kraft ist auch jetzt in ihnen. Indem sie in Berührung kommen mit dieser Quelle der Kraft, bekommen sie langsam Lust, neu anzufangen.

Es besteht eine Wechselwirkung zwischen Kraft und Anfangen. Indem ich es wage, anzufangen, wächst mir auch die alte Kraft wieder zu. Und umgekehrt: Wenn ich die alte Kraft in mir wieder spüre, bekomme ich Mut anzufangen. Ich kann nicht warten, bis die alte Kraft in ihrer Fülle wieder in mir ist. Ich ahne die Kraft, fange an, und im Anfangen wird die Kraft stärker. Dieses Vertrauen wollen uns die alten Griechen mit ihrer Erfahrung des Anfangs wecken, die sie in ihrem Wort von »archein« und seinen Bedeutungen »anfangen« und »herrschen« auch für uns heute festgehalten haben.

Anfang und Ende

Die Römer hatten offensichtlich ihre eigenen Erfahrungen mit dem Anfangen. Sie kennen viele verschiedene Worte für den Anfang. Da ist »initium«. Es meint eigentlich: hineingehen in etwas Neues, einen Anfang setzen. Wenn ich hineingehe, dann habe ich ein Ziel. Ich denke sofort an das Ende. Initium als der Anfangspunkt wird durch das Ende (»exitus« oder »finis«) verdrängt. Wenn ich hineingehe, so hoffe ich auch, hinauszugehen. Aber ohne Hineingehen gibt es keinen Ausgang. Wer es nicht wagt, in etwas hineinzugehen, bleibt immer vor der Tür des Unbekannten und auch des Unerledigten stehen. Für ihn gibt es auch kein gutes Ende.

Das zweite Wort ist »principium«. Es meint den Anfangsgrund, der das Ganze prägt. Es ist das erste Prinzip, das alles durchwest. Dieser Anfang kann nicht abgelöst werden, er bleibt. Er prägt sich dem Folgenden für immer ein.

Der Anfangsgrund begründet das, was folgt. Er ist das Fundament, auf dem ich mein Haus aufbaue. Wir sprechen heute noch von Prinzipien, den Grundsätzen, auf denen wir unser Leben aufbauen. Manchmal reiten wir auf unseren Prinzipien herum. Dann werden sie zu starren Grundsätzen. Doch die Lateiner verstehen »principium« anders. Das Prinzip ist das Erste, was ich in die Hand nehme. Und das Erste prägt auch das, was nachfolgt.

Daher will das Prinzip gut bedacht sein. Ich soll mir gut überlegen, wie ich alles anfange. Denn von einem guten Anfang hängt ab, wie alles Weitere wird. Die Lateiner kennen auch die Gefahr eines schlechten Anfangs. Vor ihm warnen sie mit den Worten »Principiis obsta«, das heißt: »Widerstehe den Anfängen«. Es können auch falsche Gewohnheiten entstehen, sich krankmachende Verhaltensweisen bilden und schlechte Sitten einreißen. Diesen Anfängen gilt es zu widerstehen, damit wir einen guten Anfang setzen, der für das Folgende zum Segen wird.

Beim Wort »initium« und »inire« ist das Bild des Gehens für den Anfang leitend. Ich fange an, in etwas hineinzugehen. Ich erkunde etwas. Ich fange an mit meinem Weg, auf dem ich weitergehe. Das Wort »incipere« entspricht dem deutschen Wort »anfangen«. Da ist die Hand als Bild leitend. Ich nehme etwas in die Hand. Ich fange etwas an. Ich packe es an. Dieses »incipere« wird immer als Gegensatz zum Unterlassen gebraucht. Viele verweigern ihre Hände. Sie legen die Hand in den Schoß, anstatt etwas in die Hand zu nehmen. Sie bleiben lieber Zuschauer, als dass sie die Dinge selbst in die Hand nehmen. Sie erwarten von anderen die Lösung ihrer Probleme. Wer das Leben in die Hand nimmt, der übernimmt für sich die Verantwortung. Anfangen heißt immer auch: Ich bin bereit, für mein Leben Verantwortung zu übernehmen.

Das Markusevangelium erzählt uns von einem Mann, der eine verdorrte Hand hatte. Er hat sein Leben nicht in die Hand genommen. Er hat sich angepasst, um sich die Finger nicht zu verbrennen. Doch jetzt hat er keine Kraft mehr in seiner Hand. Sie ist verdorrt. Jesus heilt diesen Mann, indem er ihn erst einmal auffordert, sich in die Mitte zu stellen. Er muss aufstehen gegen sein Angepasstsein. Dann gibt er ihm den Befehl, die Hand auszustrecken. Und der Mann streckt sie aus. Er nimmt sein Leben selbst in die Hand. (Markusevangelium 3,1–6)

Das Wort »inchoare« wiederum meint das Anfangen, einen Grund legen, im Gegensatz zum Vollenden. Wenn ich etwas anfange, möchte ich es auch vollenden. Ich möchte es nicht halb erledigt liegen lassen. Wenn ich ein Tagebuch anfange, möchte ich es in einer ganz bestimmten Weise tun. Ich möchte schon mit dem Anfang die Art und Weise festlegen, wie ich es durchführen werde. Und wenn wir in der Firma ein Projekt anfangen, soll es auch vollendet werden. Die Ehe gehen wir ein mit der Hoffnung, dass wir sie auch bis zum Ende gemeinsam leben können.

Der Ausflug in die lateinische Sprache zeigt, wie sehr die Menschen damals den Anfang und den Beginn bedacht haben. Sie haben sehr differenzierte Erfahrungen mit dem Anfangen gemacht. Ich gehe in etwas hinein, um auch einen guten Ausgang zu finden. Und ich lege einen Grund, der für mein Leben gilt. Wenn ich einen Neuanfang wage, dann schaffe ich Voraussetzungen für ein gelingendes Leben. Dann präge ich meinem Leben eine Spur ein, die bleibt, auch wenn sie sich im Laufe der Jahre wandeln mag.

Die Faszination des Neuen

Das deutsche Wort »neu« kommt vom lateinischen Wort »novus«. Sowohl die Lateiner als auch die Deutschen kennen nur ein einziges Wort für das Neue. Die Griechen dagegen haben zwei Worte: einmal »neos«, dann »kainos«. Neos meint das Neue, das noch jung ist, noch nicht reif ist. Wenn wir sagen, da ist ein Neuling in der Firma, oder der Neue im Verein, dann klingt da meistens mit, dass sie noch unerfahren sind, unreif, dass von ihnen noch nicht viel zu erwarten ist. Der Evangelist Lukas verwendet »neos«, wenn er Jesus sagen lässt:

> *Niemand, der alten Wein getrunken hat, will neuen; denn er sagt: Der alte Wein ist besser.*
>
> LUKASEVANGELIUM 5,39

Neos ist das noch nicht Erprobte. Man ist skeptisch, ob der neue Mitarbeiter wirklich alles besser macht, ob neue Methoden wirklich die Firma verändern.

Kainos dagegen ist das, was dem Alten überlegen ist, was uns fasziniert. Es ist das Ungewohnte, Andersartige, Unerwartete. Neos ist das jugendlich Unreife, ohne Pietät vor dem Alten. Kainos dagegen ist das, was besser ist als das Alte, was eine neue Qualität hat, was uns fasziniert. Wir spüren die Qualität von »kainos«, wenn wir fasziniert sind von einem neuen CD-Spieler, von einem neuen Auto, von einem neuen Kleid. Da staunen wir vor dem Neuen. Es birgt die Verheißung von neuer Lebensqualität, von neuer Schönheit. Und darin liegt zugleich die Verheißung, dass unser Leben neu wird, dass auch wir neu anfangen und Neues sich in uns entfaltet. Das Neue (kainos), das wir im neuen Kleid, im neuen Auto, im neuen Haus, sehen, ist ein Spiegel für das Neue, das in uns ist. Es spricht unsere Sehnsucht an, neu anzufangen, alles in uns zu erneuern.

Das Neue Testament verwendet immer »kainos«, wenn es vom Wirken Jesu spricht, von dem, was er an Neuem gebracht hat. Jesus bringt den neuen Wein, den man auch in neue Schläuche füllen muss. Dabei unterscheidet Lukas ganz genau zwischen dem neuen Wein (neos), der erst neulich gekeltert worden ist, und den neuen Schläuchen (kainos) (Lukasevangelium 5,38). Der neue Wein ist nicht automatisch besser als der alte. Nur wenn er in neue Schläuche gegossen wird, kann er den alten an Qualität übertreffen. Jesus stiftet einen Neuen Bund in seinem Blut, einen Bund, den die Menschen nicht mehr brechen können, weil er in Gottes Liebe selbst gründet und nicht mehr auf dem wankelmütigen Willen des Menschen. Und er gibt uns ein neues Gebot:

Liebt einander! Wie ich euch geliebt habe,
so sollt auch ihr einander lieben!

JOHANNESEVANGELIUM 13,34

Auch Paulus kann unsere Existenz als Christen immer wieder mit dem Begriff des »Neuen« beschreiben:

Wenn also jemand in Christus ist, dann ist er eine neue Schöpfung: Das Alte ist vergangen, Neues ist geworden.

2. KORINTHERBRIEF 5,17

Durch die Taufe sind wir neu geworden. Und so sollen wir in der Neuheit (kainoteti) des Lebens wandeln (Römerbrief 6,4). Das Alte, die Vergangenheit, hat keine Macht mehr über uns. Das sind nicht nur fromme Worte. Wenn wir nach einer verfahrenen Situation neu anfangen können, wenn nach einem Streit, nach einem Versagen, einem Scheitern ein neuer Anfang möglich wird, dann erfahren wir, was Paulus hier beschreibt. Das Alte hängt uns nicht mehr an. Wir müssen nicht für immer mit einem Büßergewand herumlaufen. Wir dürfen das Alte abschütteln.

Einen neuen Anfang wagen, das hat vor dem Hintergrund der biblischen Aussagen zwei Bedeutungen. Einmal heißt es für mich, dass das Neue schon in mir ist. In mir ist der Geist Gottes, der mich in jedem Augenblick erneuert und Neues in mir bewirkt. Wenn ich in der Stille in mich hineinhorche, dann ahne ich, was da an Möglichkeiten in mir aufbricht. Da tauchen neue Ideen auf, die Ahnung, Neues zu wagen, neue Verhaltensweisen einzuüben. Ich muss nicht alles neu machen, ich soll vielmehr dem Neuen trauen, das schon in mir ist. Es braucht Achtsamkeit, damit das Neue, das Gott in jedem Augenblick in mir wirkt, auch wachsen und Gestalt annehmen kann. Zum anderen bedeutet für mich ein Neuanfang, dass ich das, was in mir ist, auch in mein Denken, mein Sprechen und mein Verhalten hineinfließen lasse. Einen neuen Anfang setzen heißt: Ich versuche, mir neue Gedanken über mein Leben zu machen, auf neue Weise über mich und über das Leben zu sprechen und auch auf neue Weise mit den Menschen umzugehen.

Gott ist der ewig Neue. Und Gott schenkt uns durch Jesus Christus seinen Heiligen Geist, der uns ständig erneuert. In uns ist die Quelle des Heiligen Geistes. Und diese Quelle ist ein Brunnen ewiger Neuheit. Das mag für uns ein Gegensatz sein: Was ewig ist, ist alt und bewährt. Doch Gott ist der ewig Neue. Gott schafft in uns alles neu. Diese Gewissheit hat den Jüngern Jesu den Mut geschenkt, Neues zu wagen, aus ihrem engen Umfeld in Galiläa auszubrechen und der Welt die neue Botschaft vom Reich Gottes zu verkünden, das in Jesus Christus unter uns gegenwärtig ist. Für mich liegt darin eine starke Ermutigung. Ich soll aufhören, darüber zu jammern, dass mein Leben brüchig ist, dass ich in der

Vergangenheit zu kurz gekommen bin. Das mag alles gewesen sein. Aber es gibt in mir den Heiligen Geist, der alles neu macht. Das heißt nicht, dass ich meine Vergangenheit verdränge. Aber in das Material, das die Vergangenheit in mir geprägt hat, vermag der Heilige Geist das Neue hineinzufügen.

Der Prophet Jesaja hat diese Erfahrung wunderbar ausgedrückt. Da wird von jungen Männern gesprochen, die müde und matt werden, die stolpern und stürzen:

> *Die aber, die dem Herrn vertrauen, schöpfen neue Kraft, sie bekommen Flügel wie Adler. Sie laufen und werden nicht müde, sie gehen und werden nicht matt.*
>
> JESAJA 40,31

Gott verleiht uns immer neue Kraft. Sie zeigt sich in der Jugendlichkeit des alten Menschen. Das Neue in uns ist wie ein Adlerflügel, der uns emporhebt und mit Leichtigkeit neue Wege erproben lässt. Indem wir diese Worte in unser Herz fallen lassen, bringen sie uns in Berührung mit dem Neuen und Jugendlichen, mit den Adlerflügeln, die wir alle in uns tragen.

Kinder als Symbol des Neuanfangs

Häufig träumen wir von Kindern. Wir tragen ein Baby auf dem Arm. Wir fahren ein Kind im Kinderwagen herum. Aber manchmal gehen wir im Traum auch unachtsam mit dem Kind um. Wir lassen es fallen. Wir stellen den Kinderwagen mit dem Kind im Keller ab. Das Kind steht im Traum immer für das Neue und Unverfälschte, das in uns wachsen möchte. Es steht für das einmalige Bild Gottes in uns. Immer wenn wir vom Kind träumen, ist das ein Zeichen, dass sich in uns etwas Neues regt, dass wir einen Schritt weiter sind auf unserem Weg zu unserem wahren Wesen, zu dem ursprünglichen und einmaligen Bild Gottes in uns.

Aber zugleich mahnen uns die Träume, mit dem Kind in uns achtsam umzugehen. Eine Frau träumte, dass sie ein Kind gebiert. Aber der Kopf will einfach nicht aus dem Mutterleib heraus. Die Hebamme zieht daran, der

Hals wird immer länger. Doch der Kopf bleibt trotzdem im Mutterleib. Im Gespräch wurde der Frau klar, was der Traum ihr sagen wollte. Sie war dabei, mit ihrem wahren Wesen in Berührung zu kommen. Etwas Neues kündigte sich in ihr an. Sie wollte nicht mehr nur die Erwartungen ihrer Umgebung erfüllen, sie wollte sie selbst sein, so leben, wie es ihrem Wesen entspricht. Doch der Kopf machte nicht mit. Der Traum mahnte sie, auch mit ihrem Verstand darüber nachzudenken, was das Neue für ihr Leben bedeutete. Wie sollte sie das Neue verwirklichen? Und der Traum zeigte, dass sich zwar in ihrem Gefühl das Neue ankündigte, der Kopf aber noch im alten Denken verhaftet war. So machte ihr der Traum Mut, ihr Leben neu zu überdenken und sich zu fragen: Wie stimmt es für mich? Was will in mir wachsen? Und wie kann ich das konkret in meinem Leben verwirklichen? Es bedeutete für sie nicht, ihre Ehe zu beenden und etwas Neues anzufangen, sondern ihre Ehe zu erneuern, neue Verhaltensmuster in ihrer Ehe einzuüben und ihren Alltag neu zu gestalten.

Eine andere Frau träumte von einem Kind, das sie im Kinderwagen spazieren fuhr. Am Abend – immer noch im Traum – stellte sie den Kinderwagen samt Kind im Keller ab. Der Traum endete dann mit der bangen Frage: Wo ist denn mein Kind? Und sie erschrak, als sie begriff, dass sie es im Keller abgestellt hatte. Im Gespräch wurde der Frau klar, dass in ihr etwas Neues wachsen wollte. Aber sie stellte das Neue im Keller ab. Der Keller steht für das Unbewusste. Auch hier lag die Aufgabe darin, sich bewusst zu machen, was sich da in ihr an Neuem zu Wort meldete. Es genügt nicht, einfach nur auf Neues zu setzen. Ich muss mir auch bewusst werden, ich muss bedenken, was dieses Neue ist. Und ich muss mir überlegen, wie ich dieses Neue in mir in neue Verhaltensweisen hineinübersetze. Ich muss den Kinderwagen aus dem Keller holen und ihn am helllichten Tag durch mein Leben schieben. Dann werde ich manches in meiner Arbeit, in meinen Beziehungen und in meinem Denken und Tun mit neuen Augen sehen und neu gestalten.

Träume, in denen Kinder eine Rolle spielen, sind immer Verheißungsträume. Sie zeigen uns, dass wir nicht einfach stehen bleiben und immer das Gleiche leben. In uns meldet sich Neues zu Wort. Es will etwas in uns wachsen, das uns mit der ursprünglichen Frische und Kreativität eines Kindes in Berührung bringt. Wir sollen unser Leben mit neuen Augen anschauen, mit Kinderaugen, die noch staunen können. Und wir sollen wie ein Kind die Legosteine in die Hand nehmen und ausprobieren, was sich da alles bauen lässt.

Weihnachten –

Gott feiert mit uns einen neuen Anfang

An Weihnachten feiern wir einen neuen Anfang. So hat es schon Papst Leo (gestorben 461) in einer Weihnachtspredigt gesagt:

> *Da wir in Ehrfurcht das Erscheinen unseres Erlösers begehen, zeigt es sich, dass wir unseren eigenen Anfang feiern.*

Der alte Weg, so meint Papst Leo, wird an Weihnachten abgeschnitten und der Übergang zum neuen Menschen vollzogen. Gott ist als Kind auf diese Welt gekommen. Das bestätigt uns die Verheißung, die in unseren Kinderträumen liegt.

Gott verheißt uns einen neuen Anfang. Wir sind nicht festgelegt auf unsere Vergangenheit, auf die Verletzungen in unserer Lebensgeschichte, auf die alten Muster, die wir von unseren Eltern übernommen haben und die uns immer wieder am Leben hindern. Gott selbst fängt neu mit uns an, da er sich als Kind einlässt auf unsere Wirklichkeit. Er befreit uns von dem Zwang, uns von unserer Vergangenheit her zu definieren. Wie auch immer unsere Lebensgeschichte aussieht, was immer da auch falsch gelaufen ist, was auch immer uns belastet: Wir können es lassen und neu anfangen, da Gott selbst mit uns neu beginnt.

Papst Leo versteht in seinem berühmten Satz die Erlösung als neuen Anfang. Er blickt nicht auf die Vergangenheit, die bewältigt und verwandelt werden soll, sondern auf den Neubeginn. Wenn Christus auf Erden erscheint, ermöglicht er uns einen neuen Anfang. Erlösung wird hier in einem hellen Licht gesehen. Jesus zeigt uns neue Wege, die wir gehen können. Er ist der Lehrer der Weisheit, der uns einführt in den neuen Weg zum Leben. In Jesus kommt Gott selbst zu uns, um unser Leben zu erneuern. Wenn Gott Mensch wird, dann wird der Mensch neu. Dann fällt alles

Alte von ihm ab, das ihn am Leben gehindert hat. Der Mensch hat teil an dem ewig Neuen, das in Gott ist. Er hat teil am Geist Gottes, der uns erneuert.

In Jesus ist Gott nicht nur Mensch geworden. Er ist bewusst auch als Kind geboren worden. Dieses Geheimnis, das wir an Weihnachten feiern, zeigt, dass Gott all die Verheißungen, die im Kind liegen, durch Jesus in uns verwirklichen möchte. Das Kind ist bei der Geburt noch ein unbeschriebenes Blatt. Es kann vieles aus ihm werden.

Was das Kind durch Vater und Mutter erlebt, das wird es prägen. Im Kind stecken Anlagen. Aber sie werden erst entfaltet durch die Begegnung mit den Eltern und Geschwistern und mit den vielen Menschen, denen es im Laufe seines Lebens begegnen wird. So heißt Weihnachten für uns auch: Wir sind noch ein unbeschriebenes Blatt. Es kann vieles in uns zur Entfaltung kommen, wenn wir unser Leben, so wie wir es empfangen haben, Gott hinhalten. Das göttliche Kind, das uns in Jesus begegnet, bringt uns in Berührung mit dem göttlichen Kind in uns. Das göttliche Kind ist für C. G. Jung ein Symbol des Heilsbringers und Ganzmachers. In ihm liegen alle unsere Möglichkeiten verborgen. So feiern wir an Weihnachten ein Fest unserer Hoffnung: Gott wird die Möglichkeiten, die er uns mitgegeben hat, in unserem Leben immer mehr zur Entfaltung bringen, durch die Begegnung mit seinem Wort, aber auch mit den Menschen, die uns prägen.

Der neue Anfang, den Gott in der Menschwerdung seines Sohnes setzt, bezieht sich jedoch nicht nur auf den individuellen Neubeginn, den jeder Mensch vollzieht, sondern auch auf die Geschichte der Menschheit. Mit Jesus beginnt etwas Neues. Gott spricht nicht nur zu den Menschen. Er kommt selbst zu ihnen. Er wird Mensch. Er kommt in das Fleisch des Menschen, um für immer darin zu wohnen. Das ermöglicht den Menschen ein neues Miteinander. Dieses neue Miteinander hat vor allem den Evangelisten Lukas fasziniert. Da leben Juden und Griechen, Männer und Frauen, Arme und Reiche, Junge und Alte miteinander im Geiste Jesu. Und diese kleine Urgemeinde in Jerusalem wird fruchtbar für die ganze Welt. Sie breitet sich aus auf dem ganzen damals bekannten Erdkreis. Die Geschichte der Menschheit wird neu.

Wenn wir an unsere eigene Lebensgeschichte denken, so denken wir vor allem an die Vergangenheit: an das, was gewesen ist. Doch die Geschichte geht weiter. Sie eröffnet eine Zukunft. So ist die Menschwerdung Gottes in Jesus Christus die Ermöglichung für jeden von uns, seine Lebensgeschichte in einem neuen Licht zu sehen und vor allem die Verheißung zu erkennen, die darin liegt.

Die Vergangenheit ist nicht wie ein schweres Gewicht, das uns niederdrückt. Sie wird vielmehr durch den neuen Anfang verwandelt, den Jesus auch für unsere persönliche Lebensgeschichte setzt. Sie bedrückt uns nicht mehr, sondern zeigt sich uns als Verheißung von Zukunft. Und sie lädt uns ein, jetzt ganz im Augenblick zu leben. Wenn Christus in mir ist, dann ist dieser jetzige Augenblick der wichtigste. Ich nehme wahr, wer ich bin, dass in mir Christus wohnt. Dann wird alles neu. Und jeder Augenblick wird durch den immer neuen Gott geprägt.

Jeden Augenblick neu anfangen

Was uns an einem neuen Anfang hindert, das ist oft das Nachgrübeln über das, was war. Wir reiben uns auf mit Schuldgefühlen. Wir überlegen, ob das Vergangene gut war oder ob wir Schuld auf uns geladen haben und diese Schuld uns belastet. Dann haben wir nicht den Mut, neu anzufangen. Wir sind noch zu sehr in der Vergangenheit verhaftet.

Ein Väterspruch antwortet auf diese Erfahrung. Da geht der Wüstenmönch Abba Pambo zum großen Antonius, den Begründer des Mönchtums, mit der Frage: »Was soll ich tun?« Der Alte entgegnete:

> *Baue nicht auf deine eigene Gerechtigkeit und lass dich nicht ein Ding gereuen, das vorbei ist, und übe Enthaltsamkeit von der Zunge und vom Bauch.*

APOPHTHEGMATA 6

Es steckt viel Weisheit in diesem kurzen Väterspruch. Wir sollen aufhören, über das Vergangene nachzudenken, ständig danach zu fragen, ob wir alles richtig gemacht haben oder ob wir Schuld auf uns geladen haben. Im Vertrauen auf Gottes Vergebung sollen wir uns selbst vergeben und nicht mehr nachdenken über das, was war. Diese Freiheit vom Kreisen um die Vergangenheit und vom ständigen Bewerten dessen, was wir getan haben, hat jedoch damit zu tun, dass wir nicht auf unsere eigene Gerechtigkeit bauen.

Es ist nicht so entscheidend, ob wir gerecht sind, ob wir alles richtig gemacht haben. Es kommt darauf an, dass wir Gott eine Chance geben. Und Gott kann unser Leben in jedem Augenblick erneuern. Wenn wir auf Gott schauen und nicht auf unsere eigene Gerechtigkeit, dann sind wir frei, neu zu beginnen. Dann verschwenden wir unsere Energie nicht damit, uns zu überlegen, ob wir gerecht oder ungerecht sind. Unsere eigene Gerechtigkeit ist uns nicht wichtig. Entscheidend ist, dass wir Gott zutrauen, uns zu erneuern. Und in diesem Vertrauen können wir jeden Augenblick neu beginnen. Wir lassen uns nicht behindern durch das, was war. Wir wagen einen neuen Anfang im Vertrauen auf den Gott, der alles in uns jeden Augenblick erneuert.

Wir meinen oft, nur wenn wir die Vergangenheit bereuen, können wir neu anfangen. Aber manchmal kreisen wir gerade in der Reue nur um uns selbst. Wir können uns selbst nicht vergeben, dass wir nicht so ideal sind, wie wir gerne sein möchten. Manche – so meint C. G. Jung – bleiben in ihrer Reue hängen, so wie wir manchmal an einem Wintermorgen lieber im warmen Daunenbett liegen bleiben, anstatt aufzustehen und den Tag zu beginnen.

Der alte Mönchsspruch zeigt uns, dass wir unsere Vergangenheit nicht so wichtig nehmen sollen, dass wir uns frei machen sollen von dem Idealbild, das wir von uns haben. Das Idealbild hindert uns oft daran, uns von der Vergangenheit zu lösen und einfach weiterzugehen. Wir haben die Tendenz in uns, uns vor unserem eigenen Gewissen und vor anderen ständig zu rechtfertigen. Dieser Rechtfertigungsdruck hindert uns daran, uns auf das Neue einzulassen. Das absolute Vertrauen, dass Gottes Geist uns jeden Augenblick geschenkt wird, ermöglicht es uns, die Vergangenheit loszulassen und uns ganz auf den Augenblick einzulassen, jeden Augenblick neu anzufangen, anstatt über die Altlasten unseres Lebens nachzudenken.

Das Wort von Abba Antonius war für mich selbst eine wichtige Hilfe. Als ich angefangen habe, geistliche Begleitungsgespräche zu führen, habe ich nachher immer sehr viel Energie darauf verwendet, das Gespräch noch einmal durchzugehen. Und ich habe mir oft Vorwürfe gemacht, dass ich an dieses oder jenes Argument nicht gedacht habe, dass ich nicht genug auf die Situation des Gesprächspartners eingegangen bin, dass meine Worte zu theoretisch waren.

Im Nachhinein merke ich, dass mir da meine eigene Gerechtigkeit wichtiger war als die Hilfe, die der andere aus dem Gespräch gezogen hat. Dieses ständige Reflektieren des Vergangenen hat mich dann oft daran gehindert, mich von Neuem auf das Gespräch mit dem anderen einzulassen.

Irgendwann erkannte ich, dass es gar nicht so wichtig ist, wie ich im Gespräch abschneide. Viel wichtiger ist, dass Gott im Gespräch an dem anderen handelt. Und Gott berührt den anderen nicht immer durch unsere weisen Worte, sondern oft gerade durch unbeholfene Worte oder unangemessene Reaktionen. Wenn ich aufhöre, ständig um meine Gerechtigkeit und meine richtigen Worte und Verhaltensweisen zu kreisen, dann bin ich offen für das neue Gespräch. Dann kann ich mit neuem Vertrauen das nächste Gespräch anfangen.

Vergebung als Neuanfang

Die eben erzählte Mönchsgeschichte lädt uns also ein, uns selbst zu vergeben: das, was war, einfach in die Barmherzigkeit Gottes hinein loszulassen. Oft werden wir am Neuanfang auch gehindert, weil wir dem anderen nicht vergeben können. Solange wir nicht vergeben, sind wir aber an den gebunden, der uns verletzt hat. Wir bleiben letztlich an die Vergangenheit gebunden, an die vergangene Verletzung. Und wenn wir nicht vergeben, dann rechnen wir uns gegenseitig unsere Kränkungen vor. Das geschieht vor allem in der Ehe recht häufig. Da rechnet der eine dem anderen vor, wie oft er oder sie ihn verletzt hat. Und je mehr wir einander vorrechnen, was der andere uns schuldig ist, desto mehr entfernen wir uns voneinander. Und wir legen uns gegenseitig auf die Vergangenheit fest.

Ohne Vergebung gibt es kein wirkliches Miteinander. Denn je mehr wir den anderen lieben, desto verletzlicher werden wir. Und ob wir wollen oder nicht, wir verletzen uns gegenseitig. Die gegenseitigen Kränkungen können uns wund reiben. Dann stirbt allmählich die Liebe ab. Wenn wir bereit sind, einander zu vergeben, dann werden die Verletzungen uns nicht wundreiben, sondern aufbrechen, um dem anderen unser Herz zu zeigen. Dann legen uns die Verletzungen nicht auf die Vergangenheit fest, sondern eröffnen uns eine ehrlichere und liebevollere Zukunft. Vergeben heißt nicht, dass wir immer nachgeben oder alles schlucken. Vielmehr ist Vergeben etwas Aktives. Das lateinische Wort für Vergeben heißt »dimittere«, das heißt »wegschicken«. Wenn ich dem anderen sein Verhalten vergebe, dann entschuldige ich es nicht und heiße es nicht nachträglich gut. Ich lasse es vielmehr bei ihm. Ich schicke die negative Energie fort, die durch die Verletzung in mir entstanden ist.

Ich befreie mich vom Kreisen um mein eigenes Gekränktsein. So werde ich fähig, auf den anderen zuzugehen. Allerdings bedeutet Vergebung nicht, dass ich über das verletzende Verhalten hinwegsehe. Es kann durchaus sein, dass ich trotz aller Vergebung mehr inneren Abstand zum anderen brauche, um mich vor neuen oder wiederholten Kränkungen zu schützen.

Wenn ich in der Partnerschaft dem anderen vergebe, so hören wir auf, uns gegenseitig die Schuld für die Konflikte zuzuschieben. Ich werde fähig, dem anderen mein gekränktes Herz hinzuhalten. Die gegenseitigen Kränkungen brechen unser Herz auf.

Wenn ich dem anderen mein aufgebrochenes Herz zeige, dann kann die Liebe alles in mir und im anderen durchströmen. Dann wird die Liebe durch die Konflikte immer stärker, anstatt abzunehmen. Die Verletzungen werden dann nicht zu einem gegenseitigen Aufrechnen führen, sondern immer wieder zu einem neuen Aufbruch. Wir lassen den Panzer zerbrechen, den wir um unser Herz aufgebaut haben. Wir lassen unser Herz aufbrechen für den anderen. Das führt dazu, dass wir selbst immer wieder aufbrechen, einen Aufbruch wagen, um neu anzufangen. Das Aufbrechen führt zum Aufbruch, zum Neuanfang.

Scheitern und neu anfangen

Immer wieder erleben wir ein Scheitern in unserem Leben. Wir scheitern in der Beziehung zu unserem Ehepartner. Wir scheitern in unserem Beruf.

Jedes Scheitern zwingt uns, neu anzufangen, denn sonst würden wir sitzen bleiben auf dem Scherbenhaufen der zerbrochenen Lebensträume und der zertrümmerten Lebenskonzepte.

Und jedes Scheitern tut weh. Viele Menschen reden sich Schuldgefühle ein, wenn sie scheitern. Sie haben das Gefühl, Scheitern dürfe nicht sein. Und wenn es geschieht, dann sind sie selbst schuld. Doch es gibt auch ein schuldloses Scheitern: Wir haben uns um eine gute Ehe bemüht und sind trotzdem gescheitert. Wir haben im Beruf alles gegeben, was wir geben konnten, und hatten dennoch keinen Erfolg.

Das Wort »scheitern« kommt vom »Scheit«, vom gespaltenen Holzstück. Es kommt von »scheiden«, was so viel heißt wie schneiden, trennen. Scheitern meint also, dass etwas, das zusammengehört, zerschnitten, gespalten, getrennt wird. Etwas Ganzes fällt in Stücke, zerspringt in viele Einzelteile. Das, was ursprünglich als Lebenskonzept gemeint war, misslingt und zerfällt. Das Wort »scheiden«, das dem Scheitern zugrunde liegt, wird für das Scheitern einer Ehe benutzt. Die Ehe wird geschieden.

Das Wort »scheiden« steckt auch in unserem Wort »Abschied«. In jedem Scheitern nehmen wir Abschied von einem Idealbild des eigenen Lebens und von unserem Selbstbild. »Verscheiden« bedeutet sterben. Scheitern hat auch mit Sterben zu tun. Es stirbt etwas, auf das wir alle Hoffnung gesetzt haben. Wenn wir gescheitert sind, müssen wir uns neu »entscheiden«, wohin unser Weg gehen soll. Und wir brauchen die Gabe der »Unterscheidung«, um zu entdecken, warum wir gescheitert sind und wie die Scherben unseres Lebensgebäudes neu zusammengesetzt werden können, wie aus dem »Abscheiden« neues Leben geboren werden kann.

Es fällt uns schwer, uns einzugestehen, wenn wir gescheitert sind. Es ist einfacher, die Schuld beim anderen zu suchen. Die anderen sind schuld an unserem Scheitern. Aber solange wir den anderen die Schuld zuschieben, werden wir das Scheitern nicht zu einem neuen Anfang nutzen. Oder aber wir beschuldigen uns selbst. Wir sind schuld, dass wir gescheitert sind, sagen wir. Wir haben zu wenig gebetet, zu wenig vertraut, zu wenig getan für unsere Beziehung, für unseren beruflichen Erfolg. Doch alles Beschuldigen ist nur ein Ausweichen vor dem Scheitern. Wir wollen uns nicht eingestehen, dass wir gescheitert sind.

Nur das Eingeständnis des Scheiterns befähigt uns, einen neuen Anfang zu wagen. Wir schauen nicht rückwärts und verzichten darauf, nach den Ursachen des Scheiterns zu suchen. Wir lassen uns vom Scheitern aufbrechen, um etwas Neues zu beginnen, um einen neuen Aufbruch in die Zukunft zu wagen.

Gerade dann, wenn wir gescheitert sind, brauchen wir den Mut, neu anzufangen. Nach einem Scheitern sind wir oft in Gefahr, uns zu verstecken. Wir schämen uns und verbergen uns vor den anderen. Doch dann bleiben wir im Scheitern stecken, anstatt neu aufzubrechen. Nur wenn ich mir mein Scheitern eingestehe, ohne in den anderen oder in meinem eigenen Verhalten nach der Schuld zu fragen, bekomme ich den Mut, neu anzufangen. Das Bewerten hält mich fest in der Vergangenheit. Das Annehmen des Scheiterns befreit mich für die Zukunft. Ich gestehe ein, dass ich gescheitert bin. Aber ich nehme auch die Chance wahr, neu anzufangen und meinem Leben eine neue Richtung zu geben.

Ein junger Mann hat sich in eine Frau verliebt. Sie beginnen eine Beziehung; es scheint alles ganz harmonisch zu sein. Doch eines Tages sagt die Frau, sie könne nicht mehr mit ihm leben, und trennt sich von ihm. Der junge Mann hat keine Chance. Er fragt, was der Grund sei, ob er etwas falsch gemacht habe, was er in der Beziehung verbessern könne. Doch sie gibt keinen Grund an. Der einzige Grund, den sie angibt: Sie will diese Beziehung nicht mehr.

Der junge Mann hat alles für die Beziehung gegeben. Jetzt ist sie zerbrochen. Er fühlt sein Scheitern. Das Scheitern macht ihn hart. Er möchte sich nicht mehr auf eine Beziehung zu einer Frau einlassen. Er möchte nicht noch einmal so verletzt werden. Seine Reaktion ist verständlich, doch damit schneidet er sich von seiner Sehnsucht nach einer gelingenden Partnerschaft ab. Es braucht das Eingestehen des Scheiterns. Dabei geht es nicht darum, die Schuld bei sich oder beim anderen zu suchen. Diese Beziehung ist gescheitert. Ich kann versuchen, das Scheitern zu verstehen, aber ganz verstehen werde ich es nie. Meine Aufgabe ist es, mir das Scheitern einzugestehen und mich damit auszusöhnen. Dann kann ich mich wieder für eine neue Beziehung öffnen.

Das Scheitern bewirkt noch keinen neuen Anfang. Oft macht es uns unsicher. Es raubt uns das Vertrauen, dass eine neue Beziehung gelingen wird. Das Scheitern zeigt mir, dass ich nie eine absolute Garantie habe, dass eine Freundschaft oder Ehe halten wird. Das Scheitern lädt mich ein, mit aller Unsicherheit und allen Zweifeln zu vertrauen, dass Gott die neue Beziehung segnet. Und das Scheitern lädt mich ein, mir genau zu überlegen, was für das Gelingen der Freundschaft wichtig ist.

Ich suche nicht die Schuld in der Vergangenheit. Ich setze mich hin und überlege – wie der Turmbauer im Gleichnis aus dem Lukasevangelium (14,28–30) –, welcher Aufwand nötig ist, um das Vorhaben einer neuen Partnerschaft gelingen zu lassen.

Auferstehung als neuer Anfang

Die christlichen Symbole für Scheitern und Neuanfang sind Kreuz und Auferstehung. Wir haben das Kreuz allerdings zu schnell als Ort der Erlösung gedeutet: Zunächst ist es erst einmal ein Scheitern.

Jesus scheitert mit seinem Versuch, die Menschen für Gott zu gewinnen, die Menschen von seiner Frohen Botschaft zu überzeugen. Sein Bemühen, den Menschen ein menschenfreundliches Gottesbild zu vermitteln, ist gescheitert. Die Sadduzäer verraten ihn an die Römer, weil er ihnen durch die Vertreibung der Händler aus dem Tempel ihre Einkommensquellen verschlossen hat. Doch er bleibt nicht im Scheitern stecken. Gott weckt ihn auf von den Toten. Und so steht er aus dem Grabe auf. Die christliche Tradition hat den Auferstandenen als den Sieger über den Tod gepriesen, als den Sieger in allem Scheitern.

Kreuz und Auferstehung sind Symbole dafür, dass es auch für uns kein Scheitern gibt, das nicht zu einem neuen Anfang werden kann. Auch wenn noch so viel unser Lebenskonzept durchkreuzt und durcheinanderbringt, letztlich kann uns nichts daran hindern, neu anzufangen. Die Auferstehung Jesu gibt uns Hoffnung, dass es keine Erstarrung in uns gibt, die nicht aufgebrochen werden kann zu neuer Lebendigkeit; dass es keinen Tod gibt, der nicht ins Leben mündet, und kein Grab, in dem nicht neues Leben aufblüht. Das Kreuz steht für alles, was unser Leben durchkreuzt, was uns an äußeren Unbilden widerfährt. Das Kreuz durchkreuzt unsere Lebenspläne, unser Lebenskonzept, unsere Lebensträume. Aber es zerbricht uns nicht, sondern bricht uns auf für das neue Leben, das in der Auferstehung Jesu in einem strahlenden Glanz erscheint. Jedes Scheitern birgt in sich die Chance der Auferstehung.

Die Frage ist, was wir tun können, damit unser Scheitern in die Auferstehung mündet. Die Evangelien beschreiben uns, was Jesus getan hat. Er hat seine Verlassenheit vor Gott zum Ausdruck gebracht. Er hat seine Verlassenheit und sein Scheitern zugegeben, aber er hat es im Gebet Gott hingehalten. Und so mündet die Verlassenheit am Kreuz, die mit einem Schrei beginnt, doch in ein vertrauensvolles Beten. Jesus hat am Kreuz Psalm 22 gebetet, der mit dem Schrei der Verlassenheit beginnt. Aber indem Jesus alle seine Nöte vor Gott ausbreitet, kann er zuletzt doch beten:

> *Er hat nicht verachtet, nicht verabscheut das Elend des Armen. Er verbirgt sein Gesicht nicht vor ihm, er hat auf sein Schreien gehört. Deine Treue preise ich in großer Gemeinde, ich erfülle meine Gelübde vor denen, die Gott fürchten.*
>
> PSALM 22,25f

Lukas erzählt, dass Jesus mit einem vertrauensvollen Gebet gestorben sei:

Vater, in deine Hände lege ich meinen Geist.

LUKASEVANGELIUM 23,46

Der zweite Schritt, den wir selbst gehen sollen, wenn wir gescheitert sind, besteht darin, dass wir uns mit all unserer Brüchigkeit in Gottes Hände fallen lassen, im Vertrauen, dass wir von seiner Liebe aufgefangen werden.

Der dritte Schritt wird deutlich, wenn wir bedenken, dass Jesus drei Tage im Grab lag. Wir sollen all das begraben, was an Vorwürfen und Selbstbeschuldigungen noch in uns ist. Wir sollen das Gescheiterte und Zerbrochene begraben. Nur dann wird Gott uns in unserem Scheitern wie Jesus auferwecken. Er wird uns aus unserem Grab rufen, damit wir mit Christus auferstehen. Die Auferstehung Jesu will uns Mut schenken, dass auch wir aufstehen aus dem Grab unserer Resignation, unseres Selbstmitleids. Wir sollen nicht liegen bleiben im Grab unserer Enttäuschung über das Scheitern. Wir sollen aufstehen, weil Gott selbst uns an der Hand nimmt und uns aufrichtet, uns Mut schenkt, aufzustehen und einen Aufstand zu wagen gegen alles, was uns am Leben hindert.

Nach dem Tod eines lieben Menschen erfahren wir oft, dass wir gleichsam im Grab unserer Trauer liegen. Wir kommen einfach nicht hoch aus unserer Trauer. Wir haben den liebsten Menschen verloren, der uns Halt im Leben geschenkt hat, dem unsere ganze Liebe galt. In der Trauer verlieren wir den Boden unter den Füßen. Wir haben den Eindruck, dass wir im Grab versinken. Da will uns die Auferstehung Jesu ermutigen, immer wieder aufzustehen aus dem Grab unserer Trauer.

Wir sollen die Trauer nicht verdrängen und uns auch nicht unter Druck setzen, sie möglichst bald zu überwinden. Wir können die Trauer nicht überspringen. Sie will gelebt werden. Aber mitten in der Trauer brauchen wir Bilder der Hoffnung. Und das größte Bild der Hoffnung ist die Auferstehung Jesu. Sie schenkt uns die Hoffnung, dass auch wir nicht im Grab unserer Trauer liegen bleiben. Jesus selbst blieb drei Tage im Grab. Er hat diese Dunkelheit selbst erlebt. Aber dann hat Gott ihn auferweckt. So bitten wir in der Trauer, dass Gott auch uns aufwecken möge, damit wir die Augen öffnen und mitten in der Trauer auch das neue Leben entdecken, das in uns aufblühen möchte.

Abraham –

auswandern und neu anfangen

Abraham war fünfundsiebzig Jahre alt. Er hatte sich eingerichtet in Haran. Er hatte eine Frau, Knechte und Mägde und eine große Herde von Schafen. Doch da rief Gott den Abraham und sagte ihm, er solle wegziehen aus seinem Land, aus seiner Verwandtschaft und aus seinem Vaterhaus. Und er gab ihm eine Verheißung mit:

> *Ich werde dich zu einem großen Volk machen, dich segnen und deinen Namen groß machen. Ein Segen sollst du sein.*
>
> GENESIS 12,2

Abraham ist das Ursymbol des neuen Anfangs. Für Paulus ist er das Bild des wahrhaft glaubenden Menschen. Und Glaube heißt für Paulus: auswandern aus dem Bekannten, neu anfangen in der Fremde, in einem Land, das ich noch nicht kenne. Glauben heißt: sich von Gott führen lassen in neue Möglichkeiten des

Lebens hinein. Glauben heißt nicht nur, einen festen Stand haben, sondern auch ausziehen aus allem Festen, allem Vertrauten, aus allem Erreichten.

Die frühen Mönche haben diesen dreifachen Auszug Abrahams meditiert. Für sie gilt es, auszuziehen aus den Abhängigkeiten, in die wir hineingeraten sind. Wir sollen ausziehen aus den Bindungen, die uns fesseln, aus Beziehungen, die uns einengen, aus Gewohnheiten, die uns festnageln. Und wir sollen ausziehen aus den Gefühlen der Vergangenheit, sowohl aus den Gefühlen der Kränkungen, die wir erfahren haben, als auch aus den euphorischen Gefühlen, die die Vergangenheit verklären. Glauben bedeutet, aus dem Sichtbaren auszuwandern und auf das Unsichtbare, auf Gott hin sich auf den Weg zu machen. Der Glaube, so wie ihn die Abrahamsgeschichte versteht, meint, dass wir ständig auswandern sollen aus der Vergangenheit, um einen neuen

Anfang zu wagen. Glauben heißt: voller Vertrauen sich auf den Weg in eine neue Zukunft machen, von der ich nicht weiß, wie sie aussehen wird.

Die jüdische Tradition, vor allem die chassidische Überlieferung, hat in den Versen aus dem Buch Genesis ebenfalls einen dreifachen Auszug herausgelesen, ihn aber anders gedeutet als die christliche Mönchstradition: Wir sollen ausziehen aus den Trübungen, die uns der Vater bereitet hat, aus den Trübungen, die uns die Mutter bereitet hat, und aus den Trübungen, mit denen wir selbst das klare Bild Gottes in uns getrübt haben. Das Ziel ist, hineinzuwandern in die einmalige Gestalt, die Gott jedem von uns zugedacht hat. Hier geht es darum, die Trübungen der Vergangenheit hinter uns zu lassen, die Kränkungen, die unser Selbstbild verdunkeln, und die Projektionen, mit denen die Eltern unser ursprüngliches Bild verstellt haben. Aber es geht auch darum, die eigenen Trübungen loszulassen, die Bilder der Selbstentwertung und die Bilder der Selbstüberschätzung. Das Ausziehen hat ein Ziel: das einmalige Bild, das Gott sich von uns gemacht hat; der ursprüngliche Glanz, den Gott uns geschenkt hat.

Dieses Ausziehen und Hinter-sich-Lassen der Vergangenheit geschieht nicht nur einmal. Es ist ein ständiger Prozess. So bedeutet Glauben, immer wieder neu anfangen, immer wieder einen neuen Anfang wagen. Denn Gott ist der Gott der Zukunft, der uns hineinführen möchte in das Land, in dem wir ganz wir selbst sind. Aber so wie Gott immer auch der Unbekannte und Unbegreifliche ist, so ist die Zukunft, die vor uns liegt, eben auch kaum greifbar. Wenn wir ausziehen und neu anfangen, wissen wir oft nicht, was dabei herauskommt. Es ist immer ein Wagnis, das wir eingehen. Und es braucht das Vertrauen, dass Gott uns begleitet auf diesem Weg. Gottes Segen geht mit uns, sodass wir auf dem Weg des Glaubens und Neuanfangs selbst zum Segen werden für andere.

An Abraham erging der Ruf auszuziehen im Alter von fünfundsiebzig Jahren. So sollen auch wir damit rechnen, dass wir noch im Alter ausziehen müssen aus dem bisher Erreichten, hinein in das Unbekannte, das uns im Alter erwartet. Es ist gut, dass wir uns wie Abraham eine Heimat schaffen. Aber zugleich sollten wir auch wissen, dass wir immer auf dem Weg sind. Das, was wir uns als Heim aufgebaut haben, ist nicht unsere letzte Heimat. Der Hebräerbrief meditiert den Auszug Abrahams als Bild unseres Glaubens. Dieser Glaube besteht darin, dass wir erkennen: Wir sind Fremde und Gäste auf Erden und suchen eine Heimat:

Hätten sie dabei an die Heimat gedacht, aus der sie weggezogen waren, so wäre ih-

nen Zeit geblieben zurückzukehren; nun aber streben sie nach einer besseren Heimat, nämlich der himmlischen.

HEBRÄERBRIEF 11,15f

So ziehen wir gleichsam in jedem Augenblick aus dem Sichtbaren aus, um uns auf den Weg zur unsichtbaren, zur himmlischen Heimat zu machen. Der Glaube hält uns lebendig. Er lädt uns ein, immer wieder neu anzufangen und uns nie zufrieden zu geben mit dem Erreichten. Denn Gott, den wir erreichen wollen, ist der Unerreichbare und Unbegreifliche, auf den hin wir Zeit unseres Lebens auf dem Weg sind.

Im Anfang war das Wort

Wenn ich vom Anfang spreche, kann ich nicht vorübergehen an den ersten Worten des Johannesevangeliums:

Im Anfang war das Wort, und das Wort war bei Gott, und das Wort war Gott. Im Anfang war es bei Gott.

JOHANNESEVANGELIUM 1,1f

Im Griechischen steht hier »arche«: der Anfang, der auch Herrschaft bedeutet. Was im Anfang ist, das prägt alles andere. Die Lateiner haben »arche« mit »principium« übersetzt. Es ist also nicht ein Anfang, der auf das Ende zielt, sondern der Anfangsgrund, der alles prägt. Und dieser Anfangsgrund ist das Wort. Johannes meint hier den Logos, der in Gott ist und Gott selbst ist. Im Laufe des Evangeliums wird klar, dass dieser Logos in Jesus Fleisch geworden ist. So ist der Logos letztlich der *einzige Sohn des Vaters, voll Gnade und Wahrheit.*

JOHANNESEVANGELIUM 1,14

Das Buch der Offenbarung nennt Jesus das Alpha und das Omega, den Ersten und den Letzten, den Anfang und das Ende (vgl. Offenbarung 1,8 und 1,17f). Jesus prägt die Welt von Anbeginn an. Er ist der Urgrund, der allem zugrunde liegt. Und er ist das Ziel, in das die Schöpfung mündet: die Heimholung in Gott hinein.

Für mich bedeuten diese ersten Worte des Johannesevangeliums noch etwas anderes. Im Anfang war das Wort. Schon Goethe lässt Faust sinnieren, ob das wirklich so stimmt, ob im Anfang nicht die Tat stand oder der Gedanke. Was heißt es, dass im Anfang das Wort ist? Mit dem Wort fängt alles an. Worte prägen unser Miteinander. Worte bestimmen die Atmosphäre, in der wir leben. Worte eröffnen die Begegnung mit einem anderen Menschen. Und schon die ersten Worte, die wir sprechen, und die Stimme, mit der die Worte von unseren Lippen kommen, bestimmen, ob diese Begegnung stimmig wird oder nicht, ob die Worte unser Herz erreichen oder nur unseren Verstand, ob es Worte sind, die ermutigen und Zukunft eröffnen, oder aber Worte, die etwas zudecken, die nur aus Verlegenheit gesprochen werden.

Wenn zwei Menschen sich zerstritten haben, dann braucht es einen, der das Schweigen bricht und das erste Wort wagt. Wenn es ein Wort der Anklage wird, dann wird der Streit verfestigt. Wenn es aber ein Wort ist, das von Versöhnung geprägt ist, dann wird es einen neuen Anfang der Beziehung eröffnen. Oft zögern wir, das erste Wort zu sprechen. Und dann ärgern wir uns später, dass wir die Chance vertan haben. Ein Wort der Entschuldigung hätte genügt, und alles wäre gut geworden. Aber wir haben das Wort nicht gesprochen. Wir haben es zurückgehalten. So wurde kein Neuanfang möglich, die Gelegenheit wurde verspielt.

Oft finden wir das richtige Wort nicht. Wir finden die Worte nicht, mit denen wir unseren Glauben ausdrücken. Wir wollen eine Sprache sprechen, die die Herzen der Menschen berührt, die das Geheimnis des Glaubens angemessen zum Ausdruck bringt. Aber wir finden diese Sprache nicht. Der Anfang des Johannesevangeliums sagt uns: »Im Anfang war das Wort.« Das Wort, das das Geheimnis des Glaubens, das Geheimnis Gottes ausdrückt, ist schon in uns. So ist es meine Aufgabe, in meinem Herzen die Worte zu finden, die Gott hineingelegt hat, damit ich meinen Glauben angemessen zu Wort kommen lasse.

Noch eine andere Bedeutung hat für mich dieser erste Vers aus dem Johannesevangelium:

Gott hat in jeden von uns ein Urwort, eine Art Passwort, hineingelegt. So hat es Romano Guardini gesehen. Und unsere Aufgabe wäre, dieses Urwort durch unser Leben zum Ausdruck zu bringen. Wir sollen weniger Worte über den Glauben in uns suchen, sondern das Wort, das Gott ganz zu Anfang in uns hineingelegt hat. Wir können dieses Wort oft nicht beschreiben. Aber wenn wir in uns hineinhorchen, bekommen wir eine Ahnung von diesem Urwort, das im Anfang nicht nur bei Gott war, sondern mit dem Gott unseren eigenen Anfang gesetzt hat.

Das Neue regt sich schon

Beim Propheten Jesaja habe ich eine wunderbare Textstelle über das Neue gefunden, das schon in mir ist, und das mein Leben ohne Überbewertung des Vergangenen neu prägen möchte:

> *Denkt nicht mehr an das, was früher war; auf das, was vergangen ist, sollt ihr nicht achten. Seht her, nun mache ich etwas Neues. Schon kommt es zum Vorschein, merkt ihr es nicht?*
>
> JESAJA 43,18f

Im ersten Vers möchte uns der Prophet aufrufen, das Vergangene zu vergessen. Damit ist das vergangene Unheil gemeint, das das Volk Israel am eigenen Leib erlebt hat. Für uns heißt das: Kreise nicht um das, was geschehen ist, was schiefgelaufen ist in deinem Leben, was dir an Verletzungen oder Kränkungen angetan worden ist, wo du zu kurz gekommen bist in deinem Leben. Das ist alles geschehen. Und es hat auch seine Berechtigung, es in aller Ruhe nochmals anzuschauen und sich damit auszusöhnen. Aber irgendwann sollten wir das Grübeln über die Vergangenheit loslassen. Es ist vorbei. Jetzt geschieht etwas Neues in uns. Gott selbst handelt an uns. Gott lässt unsere Wüste erblühen. Das Verdorrte in unserem Leben wird auf einmal fruchtbar.

Der Prophet begnügt sich nicht damit, das Neue anzukündigen, das Gott an uns wirkt. Er sagt vielmehr, dass das Neue sich schon in uns regt. Wir sollen in uns hineinhorchen. Dann werden wir merken, dass das Neue sich schon in uns zu Wort meldet.

Ich habe einmal bei einem Jugendkurs die Jugendlichen diesen Satz meditieren lassen: »Schau her, ich mache etwas Neues. Hörst du nicht, es regt sich schon?« Diese Frage macht mich sensibel für all das Neue, das sich schon in mir regt. Sie stellt keine Forderungen auf. Sie öffnet vielmehr meine Augen für das, was schon in mir ist und was sich in meiner Seele und in meinem Leib bemerkbar macht.

In mir ist nicht nur das Gefühl von Gekränktsein, nicht nur das Empfinden, gescheitert zu sein. In mir sind nicht nur die Schuldgefühle, dass ich mein Leben nicht richtig gelebt habe, dass vieles in mir noch ungelebt ist. In mir ist schon das Neue.

Wenn ich genau in mich hineinhorche, dann entdecke ich neue Regungen; die Ahnung, dass ich frei bin von aller Last der Vergangenheit; die Ahnung, dass sich in mir etwas Neues entwickelt. Ich spüre, dass ich nicht einfach so weitermachen möchte wie bisher. In meine Arbeit ist etwas Neues eingeströmt, ein neues Empfinden für das, worauf es eigentlich ankommt. In meinen Beziehungen regt sich schon etwas. Da wird etwas ehrlicher, persönlicher wesentlicher. Und auch in meiner Spiritualität fängt etwas Neues an. Da spüre ich, dass ich vor Gott leiser werde, einfacher, klarer, dass Gott immer mehr zum Grund meines Lebens wird.

Ich muss nicht alles neu machen. Ich brauche nur dem Neuen zu trauen, das sich schon in mir regt. Dann wage ich auch nach außen, das Neue zu leben. Und dann wird mein Leben neu. Ich grüble dann nicht nach, was ich alles neu machen soll. Ich traue dem, was sich an Neuem in mir regt. Und dann lasse ich das Neue auch zum Ausdruck kommen in meiner Arbeit, in meinen Beziehungen, in meiner Spiritualität und in meinem Lebenskonzept. Ich wage das Neue, weil Gott schon das Neue mit mir gewagt hat.

Anfang der Zeichen Jesu: die Hochzeit zu Kana

Das Johannesevangelium liebt das Wort vom Anfang, »arche«. Die erste Geschichte, die Johannes uns nach der Berufung der Jünger erzählt, ist die von der Hochzeit zu Kana: Jesus verwandelt Wasser in Wein. Johannes will uns mit dieser Geschichte sagen, dass Gott in der Menschwerdung seines Sohnes mit uns Menschen Hochzeit feiert. Dadurch wird unser Leben erneuert. Unser Leben bekommt einen neuen Geschmack, den Geschmack des Weines. Johannes schließt die Erzählung mit den Worten:

So tat Jesus sein erstes Zeichen, in Kana in Galiläa, und offenbarte seine Herrlichkeit, und seine Jünger glaubten an ihn.

JOHANNESEVANGELIUM 2,11

Im Griechischen ist es noch klarer: Jesus machte den Anfang (arche) der Zeichen. Die sieben Zeichen, die Jesus wirkt, schildern die

Verwandlung, die durch Gottes Menschwerdung an uns geschieht. In diesem Anfang der Zeichen wird deutlich, was das Ziel der Verwandlung ist. Alles in uns soll vom göttlichen Leben durchdrungen werden.

Manch ein Leser mag mit dem Titel dieses Buches, Wage den Neuanfang, etwas Aggressives, Forderndes verbinden. Ich muss ständig anfangen, mich zu ändern. Ich soll alle möglichen Methoden ausprobieren, um ein anderer Mensch zu werden. In diesem Sinn schreiben manche Autoren Ratgeberbücher. Und ich merke bei mir selbst, dass ich diese Ratgeberbücher leid bin. Ich mag nicht jeden Tag neu anfangen, mich zu verändern. Ich habe keine Lust, ständig neue Wege einzuschlagen, um aus mir einen anderen Menschen zu machen.

Im Wort des Veränderns ist schon etwas Aggressives: Ich muss mich verändern, weil ich so, wie ich bin, nicht gut genug bin. Ich muss aus mir einen anderen, besseren Menschen machen. Darin steckt Selbstablehnung. Die christliche Antwort auf das Verändern ist jedoch die Verwandlung. Das zeigt uns die Geschichte von der Hochzeit zu Kana. Da verwandelt Jesus das Wasser in Wein. Wasser steht hier für das schal Gewordene in uns. Wenn Jesu Geist dieses Schale in uns durchdringt, wird es zu Wein, bekommt es einen angenehmen Geschmack.

Verwandlung meint immer: Verwandlung von dem, was vorhanden ist, was in mir ist. Verwandlung ist daher nicht so aggressiv wie das Verändern. Sie ist sanfter. Sie zeigt: Alles in mir darf sein. Ich schaue es an, und ich halte es Gott hin. Und Gott selbst wirkt an mir. Verwandlung ist die Verheißung, dass Gott selbst in mir einen neuen Anfang setzt. Aber es ist kein abrupter Anfang, der das Alte total ablehnt. Vielmehr wirkt Gott in dem, was ich ihm hinhalte, die Verwandlung. Das Ziel der Verwandlung ist, dass ich immer mehr in die Gestalt hineinwachse, die Gott mir zugedacht hat.

Verwandlung meint, dass Gott an mir den neuen Anfang setzt. Meine Aufgabe ist es nicht, alles anders zu machen, mich selbst zu einem anderen zu machen. Vielmehr ist dies meine Aufgabe: meine Wirklichkeit, so wie sie ist, Gott hinzuhalten in dem Vertrauen, dass sein Geist alles in mir durchdringt und mich immer mehr in das Bild hineinformt, das er sich von mir gemacht hat. Es ist nicht das typische Machen, sondern das Geschehenlassen. Das Neuwerden ist ein Prozess, der oft unmerklich abläuft. Aber am Ende steht ein neuer Mensch, ein erneuerter, verwandelter Mensch.

Was das konkret heißen kann, möchte ich am Beispiel der Trauer aufzeigen. In der Begleitung trauernder Menschen höre ich oft die

Aussichtslosigkeit und Sinnlosigkeit heraus. Die Trauernden stehen der Trauer ohnmächtig gegenüber. Sie haben den Eindruck, dass sie nichts tun können mit diesen Gefühlen der Trauer und des Schmerzes, die sie überfallen.

Manche setzen sich selbst unter Druck. Sie meinen, sie müssten etwas tun, damit die Trauer aufhört. Sie haben sich einen Zeitraum gesetzt, innerhalb dessen die Trauer bewältigt werden sollte. Doch mit allem Wollen und Sich-unter-Druck-Setzen scheitern sie.

Verwandlung ist sanfter. Ich lasse die Trauer zu. Ich halte meine Gefühle Gott hin, auch meine Ohnmacht, diese Gefühle zu ändern. Und indem ich meine Trauer Gott hinhalte, wandelt sie sich unmerklich. Sie wird durchdrungen von Gottes Geist, von seiner Liebe und von göttlicher Hoffnung. Dann entdecke ich in meiner Trauer meine große Liebe zu dem Menschen, den ich verloren habe. Und ich ahne, dass meine Trauer ein Ziel hat, dass ich durch die Trauer hindurch eine neue Beziehung zu dem Verstorbenen aufbaue und auch eine neue Beziehung zu mir selbst finde.

Ich entdecke meine wahre Identität. Und so kann ich allmählich in meiner Trauer einen festen Stand finden. Und von diesem festen Stand aus verwandelt sich die Trauer in Liebe und Dankbarkeit für den Verstorbenen und für das, was sich in mir verwandelt hat. Ich bin nicht mehr so oberflächlich wie früher. Aus mir ist ein neuer Mensch geworden. Aber nicht einer, der Altes einfach abgeschnitten hat, sondern einer, in dem das Alte neu geworden ist.

Das Bild vom Sauerteig

Viele Menschen wissen gar nicht, wo sie bei sich anfangen sollen. Ihnen zerrinnt das Leben zwischen den Fingern. Sie finden nicht den Faden, den sie in die Hand nehmen sollen, um das Leben zu ordnen. Sie möchten etwas Neues wagen. Aber sie tappen im Dunkeln. Sie spüren, dass sich etwas ändern müsste. Aber sie wissen nicht, wie das geschehen soll. In diese Situation hinein hat Jesus ein Gleichnis erzählt, das uns Mut machen möchte:

Womit soll ich das Reich Gottes vergleichen? Es ist wie der Sauerteig, den eine Frau unter einen großen Trog Mehl mischte, bis das Ganze durchsäuert war.

LUKASEVANGELIUM 13,20f

Das Mehl steht für das, was uns zwischen den Fingern zerrinnt. Das Mehl ist nicht fassbar. Es legt sich als Staub auf alles. Und wenn wir es mit den Händen greifen wollen, entgleitet es uns. Aber wenn das Mehl vom Sauerteig durchtränkt wird, dann wird es zum Brot. Dann wird es nahrhaft für uns selbst und für andere. Die Frau könnte angesichts des Mehls zurückschrecken. Doch sie setzt den Anfang. Sie nimmt den Sauerteig in die Hand und durchsäuert damit das ganze Mehl. Der Sauerteig nimmt das Mehl in sich auf. Das, was uns zwischen den Fingern zu zerrinnen drohte, wird jetzt zu einem großen Teig, der gebacken werden kann.

Der Text spricht von drei Sat Mehl. Die Kirchenväter haben das symbolisch ausgelegt. Der Geist Jesu soll in unseren Leib, unsere Seele und unseren Geist dringen und alles durchsäuern. Dann wird der ganze Mensch erneuert. Er wird zum Brot, das andere nährt. Drei Sat Mehl reichen für die Sättigung von etwa einhundertfünfzig Menschen aus. So wird unser Leben zur Nahrung für viele Menschen. Viele können von uns leben, wenn wir wie die Frau den Mut haben, anzufangen und das Mehl unseres Lebens mit dem Sauerteig des göttlichen Geistes zu durchsäuern.

Für mich ist das Gleichnis eine Ermutigung für meinen persönlichen Weg. Oft habe ich den Eindruck, dass das geistliche Leben mir zwischen den Fingern zerrinnt. Ich spüre keine Verwandlung. Meine alten Lebensmuster wirken trotzdem noch fort. Da ist das Gleichnis für mich ein Zeichen der Hoffnung: Irgendwann wird das Mehl in mir, das so unscheinbar ist, vom Sauerteig Jesu Christi durchdrungen.

Und dann werde ich zum Brot, das andere nährt. Dann wird mein Leben Frucht bringen. Es wird für andere zum Segen. Und das Mehl rinnt mir nicht mehr zwischen den Fingern weg, sondern es ist gebunden durch den Geist Jesu, der alles durchsäuert und verwandelt.

Das Gleichnis ist aber noch in anderer Hinsicht ein Hoffnungszeichen: Viele Manager und Angestellte erzählen mir, dass sie sich in der Firma alleingelassen fühlen. Sie versuchen, die Werte zu leben, die die Firma in ihren Leitlinien verkündet. Sie versuchen, einen christlichen Geist in die Firma zu bringen. Aber sie scheinen auf verlorenem Posten zu stehen.

Da ist für mich das Gleichnis eine Ermutigung. Ich sage: Suchen Sie sich noch zwei andere Mitarbeiter – das könnte dann ein Bild sein für die drei Sat Mehl – und leben Sie gemeinsam die christlichen Werte. Wenn Sie anfangen, anders miteinander umzugehen, eine andere Sprache zu sprechen, die Werte zu leben, dann ist das wie ein Sauerteig, der allmählich die ganze Firma durchsäuert.

Manche meinen, mit dem bisschen Mehl, das sie in Händen halten, können sie nichts bewirken. Doch der Sauerteig ist auch unscheinbar, und dennoch durchsäuert er eine große Menge Mehl.

Als Christen fühlen wir uns heute auch angesichts der säkularisierten Welt hilflos. Wir haben den Eindruck, dass wir wenig ausrichten in dieser Welt, die nach anderen Gesetzen lebt. Aber auch hier will uns das Gleichnis ermutigen, mit unserem Glauben anzufangen, ihn zu leben, die Gottesdienste miteinander zu feiern, auch wenn die Schar immer kleiner wird. Wir sollen vertrauen, dass auch unser Glaube, den wir allein und in Gemeinschaft zu leben versuchen, zum Sauerteig für die Gesellschaft wird. Dort, wo wir anfangen, Versöhnung zu leben, werden wir zum Sauerteig der Versöhnung für die Gesellschaft. Dort, wo wir voller Hoffnung sind trotz aller Hoffnungslosigkeit unserer Gesellschaft, da werden wir zum Sauerteig der Hoffnung für diese Welt.

Jesus lädt uns mit dem Gleichnis ein, unser Jammern sein zu lassen, mit dem wir uns oft vor einem neuen Anfang drücken, und stattdessen das Mehl, das uns zur Verfügung steht, vom Sauerteig Jesu und seiner Lehre durchdringen zu lassen. Dann werden wir zu einem Anfang für die Gemeinschaft, in der wir stehen, ja, für die ganze Welt.

Der Heilige Geist am Anfang

Der Evangelist Lukas liebt die Worte »archein«, »archastai« und »arche«. Er beschreibt damit, dass Gott durch seinen Geist immer wieder einen neuen Anfang setzt.

Vor allem in der Apostelgeschichte finden wir häufig das Wort »anfangen«. Ich möchte daraus nur eine Szene meditieren: Petrus, der fromme Jude, der das jüdische Gesetz genau befolgte, wird von einem Traum dazu geführt, nach Caesarea zu gehen, und zwar in das Haus eines römischen Hauptmanns mit Namen Cornelius. Für einen Juden ist es streng verboten, das Haus eines Heiden zu betreten. Doch Petrus hatte eine dreifache Vision, in der ihm ein Engel Gottes ein großes Leinentuch mit allerlei Tieren zeigt und ihn auffordert, zu schlachten und zu essen. Für Juden ist es verboten, diese Tiere zu essen; sie gelten als unrein.

Der Traum brachte das enge Gesetzesdenken des Petrus ins Wanken. Und als nach dem Traum während seines Mittagschlafes drei Männer vor seinem Haus stehen blieben und ihn baten, mit ihnen nach Caesarea zu gehen, da folgte er ihnen. Dort taufte er den Cornelius und sein ganzes Haus. Und alle wurden vom Heiligen Geist erfüllt. Als Petrus nach Jerusalem kam, warfen ihm die frommen Juden sein Verhalten vor, das den jüdischen Normen widersprach. Petrus hielt ihnen eine Rechtfertigungsrede. Darin sagte er:

> *Während ich anfing zu sprechen, fiel der Heilige Geist über sie, wie am Anfang auf uns.*
>
> APOSTELGESCHICHTE 11,15

Weil Petrus den Mut hatte, anzufangen mit seiner Rede, setzte der Heilige Geist einen neuen Anfang. Er kam auch über die Heiden.

Und Petrus erinnert an den Anfang der Kirche, als der Heilige Geist auf die verschreckten Jünger herabgekommen war.

Für mich kommt in diesem Satz etwas Wesentliches zum Ausdruck: Wenn wir anfangen zu sprechen, was uns das Herz eingibt, dann setzt der Heilige Geist einen neuen Anfang bei den Menschen. Der Heilige Geist bewirkt in uns den Anfang. Wir brauchen die Kraft des Heiligen Geistes, um mit dem Sprechen anzufangen. Aber wenn wir den Mut zum Anfang finden, dann schafft der Heilige Geist auch in anderen Menschen einen neuen Anfang.

Petrus hatte den Mut zu diesem Neuanfang aufgrund seines dreimaligen Traumes oder seiner Vision, wie Lukas den Traum nennt. Weil er seinem Traum traute, bewirkte der Heilige Geist durch ihn den Beginn der Heidenmission. Nicht Paulus war der erste, der den Heiden die Frohe Botschaft verkündete, sondern

Petrus, der eher konservative, regeltreue Befolger jüdischer Gebote. Doch der Heilige Geist wirkt auch in Menschen einen neuen Anfang, die eher aus der Vergangenheit leben, und bringt durch sie etwas in Bewegung, was eine neue Zukunft eröffnet. Es kommt also darauf an, den Träumen zu trauen, in denen Gott zu mir spricht, und den Impulsen des Heiligen Geistes zu trauen, der mich manchmal innerlich antreibt, anzufangen mit neuen Worten oder neuem Verhalten.

Oft haben wir genügend Gründe, diese neuen Impulse abzuwehren. Dann kann der Heilige Geist auch keinen neuen Anfang für die anderen setzen. Doch durch uns kann tatsächlich etwas Neues in dieser Welt geschehen. Keiner von uns ist perfekt, so wie auch Petrus nicht perfekt war. Aber jedem von uns traut Gott zu, in bestimmten Situationen anzufangen, neue Worte zu sprechen, damit die Welt der Menschen neu wird.

Manchmal haben wir den inneren Impuls, mit unserer Rede anzufangen, neue Worte zu sprechen. Doch dann kommen unsere rationalen Argumente, die diesen inneren Impuls wieder unterdrücken. Wir wissen ja gar nicht, wie die anderen reagieren. Vielleicht finden sie das alles lächerlich. Oder vielleicht lehnen mich die anderen ab, wenn ich auf einmal ungewohnte Gedanken äußere.

Die Geschichte des Petrus und seiner Predigt vor dem heidnischen Hauptmann Cornelius will uns ermutigen, nicht auf die Reaktionen der anderen zu achten, sondern auf den inneren Impuls. Ohne solche inneren Impulse gibt es keinen neuen Anfang. Es ist oft der Heilige Geist, der durch derartige Impulse uns anregt, einen neuen Anfang zu setzen.

Die Zuversicht des Anfangs

Wir fangen nicht nur immer wieder neu an, wir erinnern uns auch gern an manche Anfänge. So erinnern uns zum Beispiel an den Anfang einer Liebe. Gerade bei Eheleuten, die sich auseinandergelebt haben, ist es gut, sich gemeinsam an den Anfang zu erinnern. Was war die Faszination, die sie am Anfang erfasst hat? Und es ist gut, mit dieser Qualität des Anfangs in Berührung zu kommen, damit das, was alt geworden ist, was sich abgeschliffen hat, sich wieder erneuert. Die Erinnerung bringt uns wieder in Berührung mit der Kraft und dem Zauber des Anfangs.

Der Hebräerbrief erinnert uns an die Zuversicht, die wir am Anfang erlebten:

An Christus haben wir nur Anteil, wenn wir bis zum Ende an der Zuversicht festhalten, die wir am Anfang hatten.

HEBRÄERBRIEF 3,14

Im Glauben haben wir Anteil an Jesus Christus bekommen, wir sind seine Genossen geworden. Wir wohnen mit ihm zusammen, ja wir wohnen sogar in ihm. Diese Erfahrung hat uns am Anfang mit einer starken Zuversicht erfüllt. Unsere Aufgabe besteht nun darin, diese Zuversicht des Anfangs durchzuhalten.

Wir sprechen oft vom Anfangseifer. Novizen im Kloster haben oft diese anfängliche Begeisterung. Oder wenn wir in einer Firma anfangen, haben wir oft den Anfangseifer. Wir wollen alles gut machen. Und dann werden wir müde auf unserem Weg. Dann wiederholen wir nur noch das immer Gleiche.

Der Hebräerbrief möchte die müde gewordenen Christen wieder aufrütteln. Und eine Möglichkeit ist: sich zu erinnern an das, was am Anfang war. Am Anfang waren die Christen voller Zuversicht. Da hielten sie den Widerwärtigkeiten des Lebens stand. Doch jetzt sind sie müde geworden. Die vielen Sticheleien, die sie von außen erfahren haben, haben sie ermüdet.

Wir kennen diese Müdigkeit in unserem Engagement für die Firma, aber auch die Müdigkeit in der Partnerschaft. Die vielen Verletzungen und Enttäuschungen, die wir erfahren, machen uns mürbe. Da gilt es, sich wieder an die Zuversicht zu erinnern, mit der wir angefangen haben. Indem wir uns erinnern, kommen wir in Berührung mit der Qualität des Anfangs. Und so wird auch in der Beziehung wieder ein neuer Anfang möglich. Hier müssen wir nicht anfangen, indem wir alles anders machen, sondern indem wir uns erinnern an das, was am Anfang war.

Der Anfang ist das bleibende Fundament unserer Partnerschaft, unseres Eifers in der Firma und auch unserer Berufung als Priester und Mönch. Von diesem Anfang strömt uns die Kraft (arche) zu, die es uns heute ermöglicht, uns immer wieder zu erneuern und das Neue, das damals in uns angefangen hat, heute in neuem Glanz erstrahlen zu lassen.

SCHLUSSGEDANKEN

Jetzt gilt es anzufangen

Liebe Leserin, lieber Leser, Sie haben diese Gedanken über das Wagnis des neuen Anfangs gelesen. Vielleicht haben Sie sich in manchen Überlegungen und Beispielen selbst wiedererkannt. Jetzt gilt es also, selbst anzufangen. Aber machen Sie es nicht wie der junge Mann, der vor lauter Dornen und Disteln auf dem Acker seines Lebens sich lieber hinlegt und schläft. Fangen Sie nicht an, alles an sich zu verändern oder anders zu machen. Bedenken Sie Ihr Leben und fragen Sie sich: Wo habe ich Lust, neu anzufangen?

Der Anfang soll nicht eine Last werden, die Sie täglich auf sich nehmen. Er soll in Ihnen vielmehr neue Lebendigkeit hervorrufen. Es braucht die Lust des Anfangs. Sie können vielleicht damit beginnen, jeden neuen Morgen bewusst als neuen Anfang zu verstehen. Schauen Sie auf das unberührte Schneefeld des neuen Tages, der vor Ihnen liegt. Und dann spüren Sie in sich hinein, welche Spur Sie heute in diesen Neuschnee eingraben möchten. Wenn Sie jeden Morgen als Neuanfang verstehen, dann wird sich Ihr Leben verwandeln. Sie brauchen dann gar nicht mehr so viele gute Vorsätze.

Setzen Sie sich nicht unter Leistungsdruck, jetzt alles neu machen zu müssen. Aber schauen Sie in aller Ruhe einmal Ihre Beziehungen an, Ihre Arbeit, Ihren Alltag, Ihre Lebensgewohnheiten. Sind Sie damit zufrieden und dankbar? Oder treibt Sie eine innere Unruhe? Manche meinen, sie müssten die Unruhe überwinden. Aber manchmal ist es eine heilsame Unruhe, die uns einlädt zu überlegen, wo wir einen neuen Anfang setzen wollen. Es muss nicht immer ein äußerer Neuanfang sein. Manchmal genügt es auch, damit anzufangen, mein Leben mit neuen Augen anzuschauen und ganz neu Ja zu sagen zu dem Leben, das ich führe.

Liebe Leserin, lieber Leser, ich wünsche Ihnen, dass Sie in sich den inneren Impuls wahrnehmen, wo und wie Sie neu anfangen könnten. Und ich wünsche Ihnen, dass Sie durch das bewusste Anfangen lebendig bleiben, dass Ihnen – wie die Griechen es verstehen – neue Kraft zuwächst und dass die Anfänge zu guten Grundlagen für Ihr Leben werden, Ihrem Leben die richtige Richtung weisen: hin zu Lebendigkeit und Freiheit, zu Frieden und Weite, zu Hoffnung und Zuversicht und auf eine immer größere Liebe hin.

In gleicher Ausstattung sind von Anselm Grün bisher erschienen:

Freu dich am Leben
Auf der Suche nach dem inneren Gold
Verschenke dein Herz
Du bist ein Engel für mich
Das Geheimnis der Begegnung

Vier-Türme-Verlag
Schweinfurter Straße 40, 97359 Münsterschwarzach
Tel. 09324 / 20 295, Fax: 09324 / 20 495
Bestellmail: info@vier-tuerme.de
www.vier-tuerme-verlag.de